Andy Müller

Stechmücken, was nun?

Stechmücken, was nun?

Ein Ratgeber aus dem Leben von
Andy Müller

Bibliografische Information der Deutschen Nationalbibliothek:
Die Deutsche Nationalbibliothek verzeichnet diese Publikation in der Deutschen Nationalbibliografie; detaillierte bibliografische Daten sind im Internet über dnb.dnb.de abrufbar.

© 2024 Andy Müller
Fotos: Andy Müller

Herstellung und Verlag:
BoD – Books on Demand, Norderstedt

ISBN: 978-3-7583-1710-1

Inhaltsverzeichnis

Vorwort..7
Vorsorge..9
  Fliegengitter..10
  Expertentipp Fliegengitter...................10
    Fliegengitter im Urlaub oder im Hotel.............11
    Fliegengitter für Zuhause.....................15
    Nützliche Hinweise zu Fliegengittern.............18
  Körpergeruch verändern....................21
    Neemöl...21
    Kokosöl..22
  Expertentipp Kokosöl..........................23
    Tigerbalsam......................................24
    Sonnenschutz und Mückenschutz in
    Kombination....................................25
  Geruch der Umgebungsluft.....................26
    Außen auf dem Balkon oder der Terrasse.......26
    Pflanzen in den eigenen 4 Wänden.............26
    Kerzen, Duftöle, Duftlampen daheim.............27
    Mückenschutz-Armbänder....................27
  Haarkur mit Basilikum-Extrakt....................29
  Brutgelegenheiten dezimieren....................30
  Klimaanlagen...31
  Ventilatoren..32
  Regelmäßiges Duschen..........................33
  Deodorant..34
  Kleidung..35
  Umgebung, Gewässer meiden....................36
  Rauch durch Räucherstäbchen oder Spiralen.......37
  Chemische Methoden, Verdampfer, Raumsprays..38
    Sprays mit DEET, Icaridin....................38
    Verdampfer mit Insektizid....................38
  Ultraschall...40
    Ultraschall-Vertreiber mit Nachtlicht an der
    Steckdose.......................................40
    Ultraschall-Armband...........................41

Begegnung, direkte Abwehr 42
  Elektrische Fliegenklatsche..43
  Expertentipp Elektrische Fliegenklatsche.............44
  Andere Abwehrmaßnahmen.................................45
Nachsorge bei Mückenstichen..................................46
  Juckreiz – Bitte nicht kratzen..............................47
  Wundreinigung..48
  Andere Sofort-Maßnahmen..................................49
  Hitze – Der ultimative Stich-Killer........................50
    Elektronischer Stichheiler..................................50
    Elektronischer Stichheiler für das Smartphone. 51
  Expertentipp Elektronischer Stichheiler................52
    Haartrockner..53
    Warmes, heißes Wasser....................................53
    Andere Hilfsmittel..54
    Moskito-Pflaster...54
    Knipser...55
Arztbesuch...56
Epilog...57
Danksagung...58

Vorwort

"Neuer Rekord, 32 Mückenstiche gleichzeitig" verkündete der Autor stolz als 9 Jähriger seinen Eltern Mitte der siebziger Jahre im jährlichen Sommerurlaub auf Mallorca. Damals machte dem Verfasser das noch nichts aus und er wusste in jenen Tagen noch nicht, wie ihn diese Blutsauger ein Leben lang quälen werden.

Es hat nichts mit süßem Blut zu tun, aber offensichtlich können die Plagegeister manche Personen besonders gut riechen, im wahrsten Sinne des Wortes.

Im Laufe des Lebens stellte sich heraus, dass es doch einige wirksame Methoden gibt, um diese Nervensägen abzuwehren oder, wenn es zu spät ist, den Juckreiz nach einem Stich abzustellen.

Dieser Ratgeber beruht somit ausschließlich auf eigenen Erfahrungen und ist kein zusammenkopierter Text aus irgendwelchen Quellen.

Expertentipps (natürlich vom Schreiber) ermöglichen als Zusammenfassung einen schnellen Überblick der effektivsten Methode zu jedem Kapitel.

Selbstverständlich ersetzen die Ratschläge in diesem Buch keinesfalls die zum Beispiel bei Auslandsreisen angeratenen beziehungsweise vorgeschriebenen Impfungen oder Vorsorgemaßnahmen wie Malaria-Prophylaxe.

Generell ist bei all diesen Ratschlägen in diesem Büchlein immer die Gebrauchsanleitung zu beachten und der gesunde Menschenverstand zu benutzen.

Insbesondere wird vor Verbrennungen und Verbrühungen gewarnt, wenn man sich nicht vorsichtig an die gerade noch auszuhaltenden Temperaturen mit besagtem gesunden Menschenverstand herantastet.

Selbstverständlich ersetzt dieser Ratgeber keinen Artzbesuch, wenn zum Beispiel die Folgen eines Mückenstiches immer unangenehmer und gefährlicher werden, so ist dringend ein Arzt aufzusuchen.

Der Autor haftet nicht für irgendwelche oder jegliche Konsequenzen aus den in diesem Büchlein gezeigten Ideen, Methoden oder Ratschlägen.

Vorsorge

Es gibt einige leicht umzusetzende Maßnahmen, welche den Anflug von Stechmücken verhindern oder zumindest minimieren. Immerhin gibt es über 50 verschiedene Arten in unserer Heimat.

Anwohner von stehenden Gewässern, Seen und ähnlichem, werden bestätigen, dass unsere saugenden Freunde sogar in ganzen Schwärmen unterwegs sind.

Einmal ungeschützt in solche Geschwader hineingeraten und der ganze Körper kann mit juckenden Stichen übersät sein.

Nicht minder ärgerlich kann sich schon ein einzelner lästiger Piekser erweisen, dies alles gilt es in diesem Kapitel zu vermeiden.

Fliegengitter

Sogenannte Fliegengitter an Fenstern und Türen verhindern zuverlässig das Eindringen der Plagegeister in die eigenen vier Wände beziehungsweise in ein Hotelzimmer.

Die nächsten Seiten werden dieses umfangreiche Kapitel mit einigen Abbildungen zu verschiedenen Arten von Fliegengittern erläutern:

- Unterwegs, im Hotel, im Urlaub
  Balkon mit Schiebetür
  Fenster
- Zuhause, fest installierte Variationen
  Balkontür
  Fenster
- Reparaturen
- Befestigungsarten
  Klettband
  Magnete

Expertentipp Fliegengitter

Günstig, einfach und schnell:
Fliegengitter an Fenstern und Balkon-/Terrassentür
halten alle fliegenden Quälgeister fern

Fliegengitter im Urlaub oder im Hotel

Zu empfehlen sind für Hotelzimmer sehr günstige Fliegengitter mit Klettband. Einmal im Hotelzimmer per Klettband befestigt, kann nach dem Aufenthalt sehr leicht das Fliegengitter abgenommen und für die nächste Verwendung verstaut werden. Das Klettband ist vor Ort zu entsorgen und kann für wenig Geld in Baumärkten oder im Versand nachbestellt werden.

Die Fliegengitter für Balkon- und Terrassentüren müssen aus zwei Teilen bestehen und sich per Magneten verschließen lassen. Von Lamellenvorhängen oder ähnlichem ist abzuraten, es funktioniert nicht in der Praxis.

Beim Anbringen am Hotelbalkon ist darauf zu achten, dass der Türrahmen auf der gegenüberliegenden Seite der Schiebetür, in der Regel außen, mit dem Fliegengitter beklebt wird, so lässt sich die Balkontür weiterhin öffnen.

Entsprechend ist bei Flügeltüren das Gitter mit Klettband natürlich auf der gegenüberliegenden Seite zu befestigen.

Überstehende Reste sind zu ignorieren. Bitte diese Reste nicht abschneiden, der nächste Hotelbalkon könnte größer sein.

Abbildung: Fliegengitter im Hotel mit geöffneter Balkontür

Die nachfolgende Abbildung verdeutlicht nochmals die Anbringung des Fliegengitters am Hotelbalkon außen am Rahmen der Schiebetür, um die Balkontür innen beweglich zu belassen.

Abbildung: Fliegengitter am Hotelbalkon außen am Rahmen

Nun sehen wir ein Hotel-Schlafzimmerfenster, welches von außen zugänglich ist. Das erleichtert das An-bringen eines Fliegengitters mit Klettband. Zu sehen sind deutlich die überstehenden Reste des Gitters.

Abbildung: Fliegengitter am Hotelfenster außen mit überstehenden Resten

Im gezeigten Beispiel ist das Fenster von außen zugänglich und die Fensterflügel öffnen nach innen. Falls Zugang nicht von außen verfügbar, ist es aber auch möglich, ein Fliegengitter außen am Hotelfenster von innen anzubringen. Zum Schluß ist einfach das Gitter u-förmig um die Hand zu legen und ans Klettband außen anzudrücken.

Auch bezüglich Fenster gilt: Überstehende Reste bitte nicht abschneiden, das Hotelfenster des nächsten Urlaubes könnte größer sein.

Bitte bei der Abreise die Fliegengitter an der Hotel-Balkontür oder am Hotelfenster nicht vergessen!

Fliegengitter für Zuhause

Für Zuhause ist über eine stationäre Lösung mit fest angebrachten Fliegengittern an Terassentüren, Balkontüren oder zum Beispiel dem Schlafzimmerfenster ernsthaft nachzudenken.
Im Fachhandel lassen sich solche Vorhaben maßanfertigen und somit unauffällig in das Gebäudebild integrieren. Mit etwas Bastelgeschick können solche Konstruktionen auch selbst errichtet oder aus fertigen Bausätzen zurechtgesägt werden.

Es gibt unauffällige Fliegengitter zum Beispiel für Schlafzimmerfenster oder auch komfortable Konzeptionen für Balkon- oder Terrassentüren.

Diese können in ähnlichen Farben wie auch der Tür- oder Fensterrahmen angefertigt werden, sind somit von außen und innen nicht auf den ersten Blick erkennbar und fügen sich somit harmonisch in das Gesamtbild des Gebäudes ein.

Abbildung: Balkontür mit fest installiertem Fliegengitter

Im nächsten Beispiel besteht das Schlafzimmerfenster aus einem Doppelfenster. An der rechten Hälfte des

Doppelfensters ist ein Fliegengitter fest installiert. Das Fliegengitter ist in einer ähnlichen Farbe zum Fensterrahmen hergestellt, ist also somit relativ unauffällig. Es lässt sich mittels vier Schraubstiften auch leicht zwecks Reinigung entfernen und wieder anbringen.

Zwei dieser Schraubstifte sind in der unteren Hälfte des Rahmens links und rechts in nachfolgendem Foto erkennbar.

Abbildung: Schlafzimmer-Doppelfenster, rechts mit fest installiertem Fliegengitter
Das rechte Fenster hinter dem Fliegengitter ist geöffnet
Die Stifte zur Verschraubung sind unten deutlich hell erkennbar (siehe weiße Pfeile)

Nützliche Hinweise zu Fliegengittern

Reparaturen:

Sollte ein fest installiertes Fliegengitter einmal an einer Stelle beschädigt sein, kann es mit Reparaturband aus dem Baumarkt oder dem Internet-Geschäft geflickt werden.

Passendes Flickstück zuschneiden und den Riss einfach mit dem Flickstück überkleben.

Abblildung: Fliegengitter-Reparaturband

Klettband-Stärke:

Es gibt sowohl in Baumärkten als auch im Versandhandel einige unterschiedliche Stärken der Klettbänder nachzukaufen.

Schmale Klettbänder sind zwar günstiger, lösen sich aber gerne vom Untergrund ab. 1 cm dicke Klettbänder haben sich als ideal erwiesen.

Die folgende Abbildung verdeutlicht im direkten Vergleich die um einiges bessere Klebekraft durch den Flächenzuwachs.

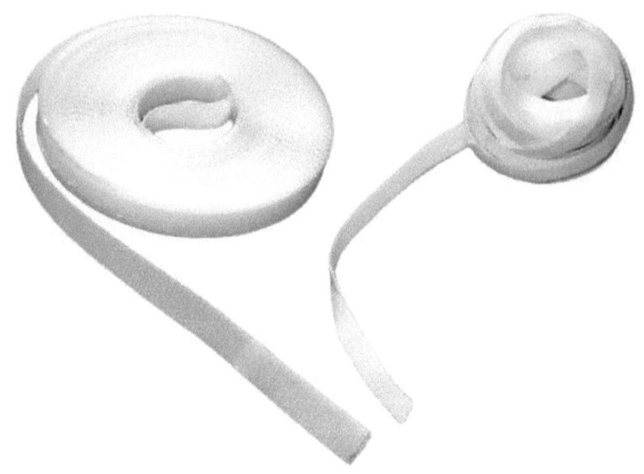

Abbildung: Links 1 cm dickes Klettband, rechts 0,5 cm dickes Klettband

Alternative Befestigung, Magnete:

Als Befestigung von nicht stationären Fliegengittern hat sich das Klettband bewährt, von Befestigung mit Magneten auf metallischen Türrahmen oder Präparation des Untergrundes mit Magnetband ist abzuraten:
Das Fixieren des Fliegengitters mit Magneten statt Klettband wird insbesondere bei Türen das ständige Auf und Zu nicht aushalten.

Es wäre möglich, sich aus diesem Material eigene Magnethalterungen zu basteln. Unter Zuhilfenahme eines Magnetbandes kann eine Haftmöglichkeit für Magnete auf Tür- oder Fensterrahmen geschaffen werden, es hilft zwecks Befestigung die selbstklebende weiße Rückseite des Magnetbandes (weiße Schutzfolie einfach abziehen).
Das Fliegengitter ist zwischen den Haftstücken aus dem Magnetband sowie den Magneten zu fixieren.
Beide Materialien sind im Baumarkt oder vom Versand zu beziehen.

Abbildung: Links selbstklebendes Magnetband, rechts Magnete mit passender Verpackung

Die Anzahl der benötigten Magnete für dauerhafte, wind- und belastungsgesicherte Befestigung ist nicht zu unterschätzen, der Schreiber empfiehlt diese Art der Befestigung auch auf Gründen des Zeit- und Geldaufwandes daher nicht.

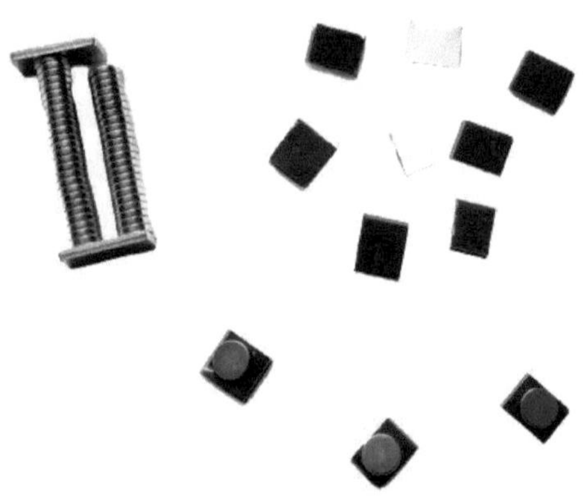

Abbildung: Ergebnis, links Magnete, rechts abgeschnittene Teile des Magnetbandes mit daran haftenden Magneten

Körpergeruch verändern

Die Biester werden durch unseren Körpergeruch, wie Atemluft oder Schweiß, angelockt. Es hat sich als äußerst effektiv herausgestellt, den eigenen Körpergeruch zu überdecken.

Hilfreich sind hier Öle oder Aromen von Minze, Eukalyptus, Teebaum oder das Neemöl (siehe unten), welche auf die Haut aufzutragen sind.

Der Verfasser empfiehlt dringend, die Verträglichkeit auf diese Öle und Aromen an einer kleinen Stelle des Körpers zuerst zu testen, um mögliche Allergien zu identifizieren.

Neemöl

Der Texter rät zur Abwehr anfliegender Stechmücken das Einreiben aller nicht von Kleidung bedeckten Körperstellen mit Neemöl. Der Geruch mag etwas gewöhnungsbedürftig sein, aber die Wirkung ist wirklich verblüffend.
Den Autor lässt dieses Öl auf der Haut nahezu stichfrei inmitten von Mückengeschwadern wandeln.

Alternativen zum Einreiben des Körpers wären Zitronenmelisse, Minzöl, Zitrusöl oder ähnliches, wie oben schon erwähnt.

Es muss leider jeder selbst herausfinden, was im Zusammenhang mit dem individuellen Körpergeruch am Besten wirkt.

Achtung: Die Substanzen altern, es hat sich herausgestellt, dass ca. 3 Jahre altes angebrochenes Neemöl nicht mehr wirkt.

Kokosöl

Ursprünglich bestand die Hoffnung, hier das Nonplus-ultra aller Ratschläge gegen Mückenabwehr liefern zu können, nämlich Kokosöl. Die darin enthaltene Laurinsäure mögen unsere Nervensägen absolut überhaupt nicht.

Einreiben des gesamten Körpers beziehungsweise nur die nicht von fester Kleidung bedeckten Stellen mit Kokosöl ist gut für die Haut, es wirkt als Deo und schreckt Mücken und Zecken ab.

Das Kokosöl kann zum Kochen verwendet werden und wirkt lindernd bei Mückenstichen.

Leider wird Kokosöl eine gewisse Anziehungskraft für Sandfliegen/Sandmücken nachgesagt, welche zum Beispiel im Mittelmeerraum verbreitet sind.

Zu allem Unglück merkt man Sandfliegenbefall erst viel später, wenn man schon komplett zerstochen ist.
In unseren heimischen Gefilden hat der Schreiber bisher nur beste Erfahrungen mit Einreiben des Körpers mit Kokosöl gemacht, die Haut wird gepflegt und es riecht sehr angenehm im Gegensatz zu Neemöl.

Auch hat der Verfasser das Kokosöl bisher in Italien in Kampanien, unter anderem an der Amalfiküste, sowie auf Mallorca und den Kanarischen Inseln äußerst erfolgreich eingesetzt.

Kein einziges Mal bestand die Gefahr von Sandfliegen.

Auf hochwertige Qualität des Kokosöls mit einem hohen Gehalt an Laurinsäure (über 50%) ist beim Kauf zu achten.

Kokosöl kann man kostengünstig in größeren Gebinden (ca. 1 Liter) erwerben, es gibt immer wieder Angebote von lokalen Discountern oder auch im Versandhandel.

Abbildung: Kokosöl im 1 Liter Glas

Expertentipp Kokosöl

Günstig, gut riechend und effektiv:
Das Einreiben des Körpers mit Kokosöl hält die saugenden Nervtöter fern (Achtung: Gefahr bei Sandfliegen, siehe Text)

Tigerbalsam

Wenn es um starke und insektenfeindliche Gerüche und Abwehr von Fluginsekten durch ätherische Öle geht, dann darf ein Vertreter nicht vergessen werden, der Tigerbalsam.

Er generiert eine intensive Duftwolke.

Allerdings ist das Einreiben der offen liegenden Körperstellen mit dieser Salbe nicht jedermanns Sache.

Erwähnenswert ist auch, dass nach einem Stich der Balsam durch den kühlenden Effekt Linderung bringen kann. Die enthaltenen Öle besitzen eintzündungshemmende und schmerzstillende Eigenschaften.
Der Juckreiz kann zudem gestillt werden.

Vorsicht ist jedoch bei offenen Wunden geboten.

Abbildung: Verschiedene Gebinde des Tigerbalsam

Sonnenschutz und Mückenschutz in Kombination

Die Erfahrung zeigt, dass zuerst der Sonnenschutz in Form von Sonnenöl oder Sonnenmilch mit hohem Lichtschutzfaktor auf die Haut aufgetragen werden sollte, danach erst der Mückenschutz wie etwa Kokosöl oder ätherisches Öl.

Es sind die Gebrauchsanweisungen sowie Einwirkzeiten zu beachten.

An dieser Stelle erfolgt der Appell des Autors an alle, das heutige Sonnenlicht nicht zu unterschätzen. Bitte immer gutes Sonnenschutzmittel mit hohem Lichtschutzfaktor verwenden, wenn man sich im Freien aufhält.

Regelmäßiges Nachcremen hilft, den Sonnenschutz über den Tag lang aufrecht zu erhalten.

Nicht zu vergessen bleibt, den Mückenschutz auch über den Tag aufzufrischen.

Geruch der Umgebungsluft

Geruch von Pflanzen wie Lavendel, Basilikum, Thymian, Zitronenmelisse oder Zitronengras, Eukalyptus, Salbei, Minze, oder auch Knoblauch vertreibt die Nervtöter.

Außen auf dem Balkon oder der Terrasse

Genannte Pflanzen kann man auf dem Balkon oder im Garten gedeihen lassen.

Dies kann die stechenden Gefährten davon abhalten, uns außen zu belästigen und folglich auch nicht in die eigenen Räumlichkeiten einzufliegen.

Pflanzen in den eigenen 4 Wänden

Auch ist es eine Überlegung wert, solche Kräuter oder Pflanzen sich direkt in unseren Räumlichkeiten entfalten zu lassen.

Der Kräutergeruch verteilt sich in den Räumen und unsere biestigen Freunde werden sich mit einer gewissen Wahrscheinlichkeit einen wohlriechenderen Ort suchen und möglicherweise gar nicht erst einfliegen.

Es spielt übrigens im Hinblick auf Stechmücken keine Rolle, ob nachts Licht angelassen wird oder nicht, es werden jedoch andere Insekten wie Nachtfalter oder ähnliches angelockt.

Aus Umweltgründen empfiehlt es sich auf jeden Fall, das Licht während der Nacht auszuschalten.

Kerzen, Duftöle, Duftlampen daheim

Spezielle Duftkerzen, Duftlampen mit Ölen der genannten Kräuter verbreiten ein ähnliches, weniger einladendes Bouquet für unsere Störenfriede in unseren eigenen vier Wänden.

Wir Menschen empfinden solche genannten Aromen in der Regel als wohltuend, sodass wir zwei Fliegen mit einer Klappe schlagen. Wir fühlen uns besser und halten dabei sogar möglicherweise die Nervensägen fern.

Mückenschutz-Armbänder

Anti-Mückenarmbänder sind in verschiedenen Variationen zum Beispiel in Internet-Geschäften erhältlich. Sie sind laut Aussagen diverser Hersteller ungiftig und setzen Duftstoffe aus ätherischen Ölen frei, welche unsere fliegenden Sauger vertreiben sollen.

Die Bänder halten ungefähr einer Woche und sollen bei Nichtgebrauch im mitgelieferten wiederverschließbaren Beutel aufbewahrt werden, um die Haltbarkeit zu verlängern.

Der geneigte Anwender kann diese dehnbaren oder verstellbaren Bänder am Handgelenk, am Fußgelenk oder als Haarband tragen. Die Utensilien verströmen einen künstlichen Zitronengeruch.

Es ist nicht verwunderlich, dass der Verfasser trotzdem gestochen worden ist, die Empfehlung lautet, alle freiliegenden Körperstellen mit einem Duftstoff einzureiben, siehe Kapitel "Körpergeruch überdecken".

Achtung:
Bei näherem Hinsehen findet man dann doch War-

nungen der Hersteller vor diesem Biozidprodukt, es kann allergische Reaktionen sowie Reizungen und sogar Schäden verursachen.

Abbildung: Dehnbare Mückenarmbänder

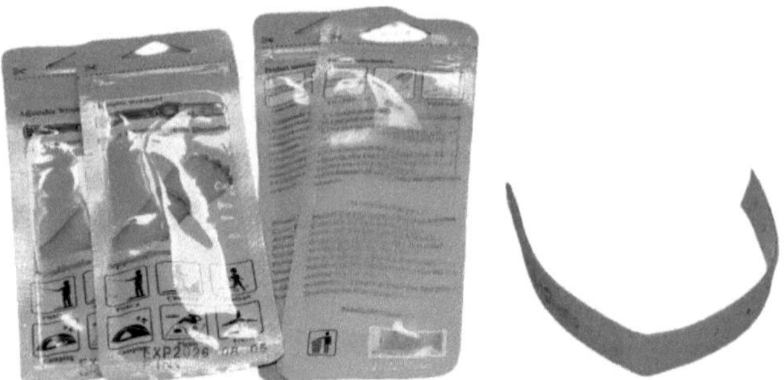

Abbildung: Verstellbare Mückenarmbänder

Haarkur mit Basilikum-Extrakt

Eine durchaus ernst gemeinte Anregung ist der Um-
stand, dass Basilikum dem Haarausfall entgegenwirken
soll sowie das Nachwachsen von neuen Haaren
begünstigen kann.

Im Handel sind Bio-Basilikum-Extrakte als Sprüh-
flasche erhältlich, der Extrakt ist direkt aus der Flasche
ins Haar zu sprühen und kurz einzumassieren.

Das so behandelte Haar verströmt einen angenehmen
Duft nach Basilikum, welcher anfliegende Blutsauger
möglicherweise sofort umkehren lässt.

Abbildung: Basilikum-Extrakt 100 ml Pumpspray

Brutgelegenheiten dezimieren

Offene und stehende Gewässer (zum Beispiel Regentonnen oder Vogeltränken) auf Balkon und Garten sind zu vermeiden oder gegebenenfalls abzudecken und regelmäßig zu leeren.

Übrigens zerstören 1 bis 2 Tropfen Spülmittel die Oberflächenspannung des Wassers, sodass Mückenlarven nicht mehr andocken können.

Bitte auch an Abflüsse oder ähnliches denken, alle Pfützen, Lachen, jegliche Ansammlungen von Wasser, und so weiter, sind abzuschaffen.

Falls im Hotelzimmer oder auch Zuhause aus unerklärlichen Gründen unsere fliegenden Blutsauger einer nach dem anderen auftreten, obwohl zum Beispiel mit Mückengittern die Räume abgedichtet sind, so ist der Überlauf sämtlicher Waschbecken und gegebenenfalls der Badewanne abzudichten oder mittels Klebeband ebenfalls mit einem Fliegengitter zu versehen.

In zwei Hotels in südlichen Regionen war der Überlauf des Badezimmer-Waschbeckens offensichtlich die Quelle gehäuften unerklärlichen Auftretens unserer hungrigen Freunde.

Klimaanlagen

Der Vollständigkeit halber sei hier erwähnt, dass die Plagegeister keine Kälte und Zugluft mögen.

Durch die Verwirbelung der Luft können die Plagen den Ursprung des guten Geruchs, nämlich Kohlendioxid und Schweiß, nicht mehr orten und verlieren die Orientierung.

Im Hotelzimmer die Klimaanlage laufen zu lassen, kann daher durchaus eine Idee sein. Der Autor und seine Frau mögen keine Klimaanlagen, daher ist das keine Option, vom Umweltaspekt ganz zu schweigen.

Der Vollständigkeit halber sei noch die abgeschwächte Option im nächsten Abschnitt genannt.

Ventilatoren

Wie schon angedeutet, sind Stechmücken auf ihren Geruchssinn angewiesen, diese orten ihre möglichen Opfer durch das Kohlendioxid vom Ausatmen oder durch Schweißgeruch.

Es kann eine Idee sein, während der Nacht einen Ventilator laufen zu lassen, um die Luft zu verwirbeln und somit unsere Tierchen mit bösen Absichten in die Orientierungslosigkeit zu zwingen.

Wie weiter oben schon dargelegt, besteht der dringende Hinweis, rechtzeitig entsprechend vorzubeugen, dass die Tierchen uns nachts erst gar nicht besuchen können.

Mittels Fliegengittern an Fenstern und Türen ist das Ziel sowohl daheim als auch im Urlaub einfach und kostengünstig zu erreichen und laufende Ventilatoren oder gar Klimaanlagen sind somit überflüssig und unsere Umwelt dankt es.

Regelmäßiges Duschen

Der Verdeutlichung halber sei noch einmal klar darauf hingewiesen, dass Stechmücken hauptsächlich durch unseren Schweißgeruch angelockt werden.

Es stechen übrigens nur weibliche Exemplare unserer fliegenden Quälgeister, um genügend Proteine zur Eierproduktion zu erhalten. Die männlichen Exemplare interessieren sich nicht für unser Blut.

Regelmäßiges Duschen entfernt diesen für weibliche Plagegeister verlockenden Körpergeruch, wobei jedoch parfümierte Duschgels zu vermeiden sind, um nicht den gegenteiligen Effekt zu erhalten.

Eine gute Idee ist es jedoch, Duschprodukte zum Beispiel mit Zitronenaroma zu verwenden.

Deodorant

Unsere fliegenden Freunde können durch stark parfümierte Deodorants angelockt werden.

Der verlockende menschliche Körpergeruch wird zwar vermieden, überdeckt oder beseitigt, aber durch Parfümierung des Deodorants kann das Gegenteil erreicht werden.

Kokosduft bzw. Kokosöl als Deo-Ersatz könnte eine Idee sein, siehe dazu auch den Extra-Abschnitt zu Kokosöl sowie den entsprechenden Expertentipp.

Kleidung

Helle, weite und lange Kleidung reduziert die Wahrscheinlichkeit, gestochen zu werden.

Dieser Kleidungsstil schützt natürlich nicht vor Stichen, er vermindert nur etwas das Risiko. Unsere fliegenden Spezialisten werden bei ungeschützter Haut darunter genügend Möglichkeiten für unbehelligte Stiche finden.

Deswegen sind wir gut beraten, auf effektivere Möglichkeiten zu setzen.

Wie weiter vorne erläutert, sind Duftstoffe auf der Haut die um ein Vielfaches effektivere Methode, siehe auch den entsprechenden Abschnitt sowie den Expertentipp zu Kokosöl.

Umgebung, Gewässer meiden

Seen oder ähnliche stehende Gewässer sind bevorzugte Brutstätten unserer Plagen, daher sollten wir ihre Nähe meiden.

Aus den Eiern entstehen irgendwann ausgewachsene Mücken, welche dann sofort auf proteinhaltige Nahrungssuche gehen und dabei sogar in Schwärmen auftreten.

Falls der Besuch aufgrund von Ausflugs- oder Urlaubsplanung unvermeidbar wird, dann ist die Anwendung der Expertentipps ratsam.

Ansonsten kann uns ein schöner Sommertag oder ein gemütlicher Abend am See am ganzen Körper mit Stichen übersäen.

Rauch durch Räucherstäbchen oder Spiralen

Allgemein mögen Insekten keinen Rauch, daher kann es von Nutzen sein, eine Räucherspirale anzuzünden, das hilft auch gegen Wespen.

Wenn der Rauch und der damit verbundene Geruch, auch in den Kleidern, nicht stört, kann das eine effektive Maßnahme sein.

Die Räucherspiralen werden in der Regel durch die Fachgeschäfte oder den Internet-Handel als 2 in 1 Teile geliefert, man muss einzelne Spiralen erst herausbrechen.
Mittels meist mitgelieferter Metall-Halterung können diese unter Aufsicht auf einer feuerfesten Unterlage im Freien angezündet werden. Bitte jeweilige Gebrauchsanleitung und offenes Feuer beachten!

Die folgende Abbildung verdeutlicht die geschilderten Umstände anhand eines Beispiels.

Abbildung: 2 in 1 Spirale links oben, einzelne Räucherspirale rechts oben, Metall-Halterung unten

Chemische Methoden, Verdampfer, Raumsprays

Der Schreiber rät allgemein von chemischen Keulen ab, denn zum Beispiel chemische Mückenschutz-Sprays können unter anderem Migräne auslösen, wie die eigene Erfahrung zeigt.

Auch etwa Wirkstoffplättchen-Verdampfer verdienen ebenfalls Skepsis.

Dennoch seien der Vollständigkeit halber ein paar Worte darüber gesagt.

Sprays mit DEET, Icaridin

Die chemischen Keulen scheinen wohl sehr effektiv den Anflug von Stechmücken abwehren zu können.

Es ist zu beachten, dass die Dämpfe nicht eingeatmet werden, dass die Kleidung sich bei Kontakt mit dem Spray verfärben kann und dass diese Chemie schädlich für die Umwelt ist.
Zu allem Überfluss wird insbesondere DEET von der menschlichen Haut resorbiert, also in den menschlichen Körper aufgenommen.

Verdampfer mit Insektizid

Abgesehen vom Einatmen der Dämpfe, von dem natürlich abzuraten ist, erzählen Bekannte, dass Steckmücken sogar unbehelligt auf dem Verdampfer sitzen und auf die passende Gelegenheit zum Stich warten.

Es sind in den Geschäften diverse Formen der Verdampfer für die Haushaltssteckdose und zum Beispiel auch für den USB-Anschluss der Computer erhältlich.

Interesse halber war eine Version für USB zu untersuchen. Diese Varianten können direkt an ein 5 Volt USB-Netzteil oder zum Beispiel an einen Computer-, Laptopanschluss oder eine Powerbank gesteckt werden. Das könnte eine Idee für das Camping sein. Sie generieren ein bläuliches Licht und Verdampfen durch ein Hitzeelement ein Wirkplättchen voller zweifelhafter chemischer Stoffe. Ein Resultat war jedoch nicht festzustellen.

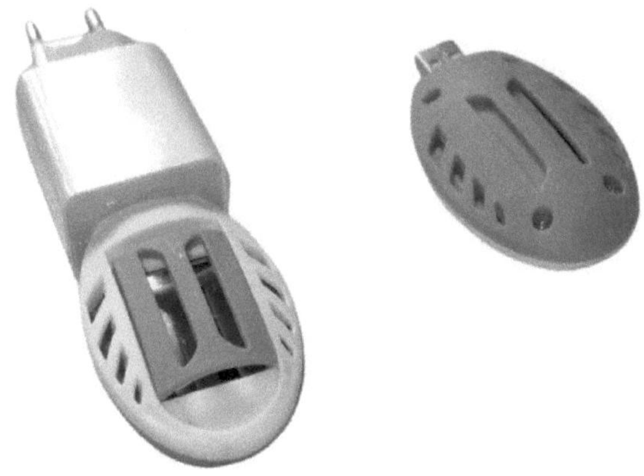

Abbildung: Insektizid-Insektenvertreiber für USB, links direkt am 5 Volt Netzteil

Ultraschall

Die Theorie ist, Stechmücken durch für uns Menschen nicht hörbare Töne zu vertreiben, welche das empfindliche Nervensystem der Schädlinge stören.

Ultraschall-Vertreiber mit Nachtlicht an der Steckdose

Der abgebildete Ultraschall-Insektenvertreiber für die Steckdose erzeugt ein nützliches Orientierungslicht für die Nacht, ein Effekt war jedoch nicht zu beobachten.

Abbildung: Ultraschall-Insektenvertreiber für die
Steckdose mit Nachtlicht

Ultraschall-Armband

Ein Armband, was für Insekten störende, aber für uns Menschen unhörbare Schallwellen aussendet, mag "besser als gar nichts" klingen.

In der Regel besitzen diese Armbänder Akkus mit USB-Schnittstellen, was zum Beispiel das Nachladen im Freien beim Wandern oder Camping per Powerbank erleichtert.

Ein abweisender Einfluss für Stechinsekten konnte beim Autor nicht erkannt werden, es scheint eine Spielerei zu sein, denn ungeschützte Hautstellen sind einfach zu verlockend für die Blutsauger.

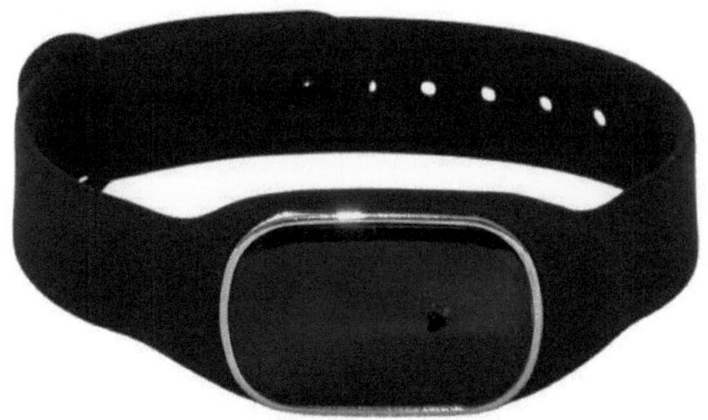

Abbildung: Ultraschall-Armband

Begegnung, direkte Abwehr

Leider ist bezüglich direkter Abwehr, Jagd und Beseitigung der in unsere Räumlichkeiten einge-flogenen Stechmücken nicht mit einer Vielfalt von möglichen Abwehrmaßnahmen zu dienen.

Ist auch nicht nötig, denn es gibt ein hocheffektives Mittel, um die Blutsauger oder andere Ungetüme, wie zum Beispiel Stubenfliegen, an der Wand, an der Decke oder sogar im Flug zu erwischen.

Der Verfasser schlägt vor, daheim, im Garten, und auch im Urlaub dieses eine Instrument immer parat zu haben.

Elektrische Fliegenklatsche

Fliegenklatschen, wie unten abgebildet, werden normalerweise mit 2 AA Batterien oder 2 AA Akkus betrieben und bauen auf Knopfdruck Hochspannung zwischen zwei hintereinander befestigten Drahtgittern auf.

An der Stelle ist davor zu warnen, beide Drahtgitter testhalber zu berühren, oder auch unabsichtlich hineinzufassen, es herrscht dort wirklich Hochspannung.

Abbildung: Elektrische Fliegenklatsche

Ansonsten ist die elektrische Mückenklatsche eine saubere Sache, es bleiben normalerweise keine Flecken oder Reste von Insekten an der Wand oder Decke übrig.

Auch ist dieser Fliegenpracker groß genug, um wegfliegende Insekten noch zu erwischen.

Der einzige, jedoch zu verschmerzende, Nachteil ist, dass es nach erfolgreichem Einsatz des Werkzeugs etwas verbrannt riecht.

Die elektrische Fliegenklatsche verspricht sogar eine gewisse Erfolgswahrscheinlichkeit, unsere stechwilligen Freunde im Flug zu erwischen.

Mittlerweile sind höherpreisige Variationen mit UV-Licht oder Akku verfügbar, den Zweck erfüllen alle Exemplare.

Expertentipp Elektrische Fliegenklatsche

Günstig und effektiv, eine der besten Erfindungen: Elektrische Fliegenklatschen garantieren den Garaus für sämtliche Nervtöter

Andere Abwehrmaßnahmen

Wie gesagt, abgesehen von der elektrischen Fliegen-klatsche gibt es nicht viele Möglickeiten.

Zeitungen, Zeitschriften oder Pantoffeln, Schlappen sind als Gegenstände zum Draufschlagen eher ungeeignet, die Plagegeister sind einfach schneller und im Erfolgsfall bleiben hässliche Flecken.

Erwähnenswert ist aber, dass sich in der Vergangenheit auch Badeschlappen mit Löcher-Design in den Sohlen als effektiv erwiesen haben. Es ist offen, warum diese löchrigen Sohlen im Gegensatz zu Badeschlappen mit normalen Sohlen eine gewisse Treffsicherheit gebracht haben.

Natürlich ist es immer einen Versuch wert, wenn ein Blutsauger gerade vorbeifliegt, diesen im Flug mittels Händeklatschen zu erwischen. Besser funktioniert dies natürlich mit einer elektrischen Fliegenklatsche.

Diese Klatsche sollte in Sommermonaten, beim Auf-enthalt oder Urlaub im Süden oder wo immer mit Mückenbefall zu rechnen ist, bereitliegen.

Nachsorge bei Mückenstichen

Dieses Kapitel beleuchtet äußerst einfache und wirkungsvolle Methoden für den Fall "wenn es schon zu spät ist", das heißt, wenn die Bestien uns gestochen haben.

Falls ein Mückenstich irgendwie verdächtig oder andersartig erscheint, brennt, stark juckt, oder wenn die Schwellung immer stärker wird, oder wenn allergische Reaktionen auftreten, dann bitte sofort einen Arzt aufsuchen!

Juckreiz – Bitte nicht kratzen

So schwer es auch fällt, aber das Schlimmste, was man machen kann, ist kratzen, weil der Stich unerträglich juckt.

Bitte nicht kratzen, denn beim Stich handelt es sich um eine offene Wunde, es besteht Infektionsgefahr.

Es können Dreck, Bakterien und alles Mögliche in die Wunde gelangen und schwerwiegende Folgen auslösen.

Wundreinigung

Falls irgendwie möglich, ist es generell empfehlenswert, schnellstmöglich die Stichwunde zu reinigen und zu desinfizieren.

Falls klarer Alkohol zur Hand ist, dann ist dies das Mittel der Wahl. Auch entsteht durch die Verdunstungskälte auf der Haut eine gewisse Linderung.

Andere Sofort-Maßnahmen

Allgemein wird angeraten, Insektenstiche unter kaltem Wasser, mit Eiswürfeln, einem Gel-Kühlpad oder zum Beispiel einer aufgeschnittenen Zwiebel, zu kühlen und zu beruhigen.

Der vorherige Abschnitt hat allerdings die oberste Priorität erläutert.

Oma's Hausmittel, unsere Spucke, enthält übrigens keinerlei Wirkstoffe, um einen Mückenstich zu lindern, durch die Verdunstungskälte ist es jedoch damit möglich, den Stich zu kühlen.
Auch entsteht durch Oma's Hausmittel ein gewisser Verdünnungseffekt, sodass die Stichwunde etwas "gereinigt" wird.

Hitze – Der ultimative Stich-Killer

Das Zauberwort gegen Mückenstiche heißt: Hitze.
Unser Körper eagiert allergisch gegen die durch den Stechapparat der Mücke eingespritzen Eiweiß-Stoffe.

Diese Proteine lassen sich sehr leicht durch äußerliche Einwirkung von Hitze zerstören, sodass unser Körper den Stich ignorieren wird. Die Rede ist von Hitze kleiner als 50 Grad Celsius.

Im folgenden sind Ideen aufgezeigt, unserem Mückenstich durch äußerliche Anwendung Hitze zuzufügen.

Es versteht sich von selbst, vorher zu testen, wie hoch die Temperatur sein kann, die man noch erträgt, ohne sich Schaden zuzufügen. Wir benötigen ungefähr 45 Grad Celsius, um die Proteine zu zerstören.

Der Autor muss dennoch auf die Verbrennungsgefahr hinweisen, also bitte mit gesundem Menschenverstand testen, beziehungsweise sich vorsichtig herantasten.

Elektronischer Stichheiler

In Apotheken oder im Versandhandel sind sogenannte Wärmestifte oder auch elektronische Stichheiler zu bekommen.

Diese wärmen per Batterie oder Akku ein Heizplättchen auf ein körperverträgliches Maß auf und danach kann der Stift mit seinem Heizplättchen eine vorgegebene Zeit auf den Stich gedrückt werden.
Dies kann auch mehrfach hintereinander angewendet werden, bitte die Gebrauchsanleitung der einzelnen Produkte beachten.

Der Stich wird sich beruhigen und schon bald verschwinden.

In der Regel besitzen solche empfehlenswerten Stichheiler auch einen speziellen Modus für Kinder.

Generell gilt auch hier: Verbrennungsgefahr, bitte vorsichtig testen und die Produkt-Anleitung beachten.

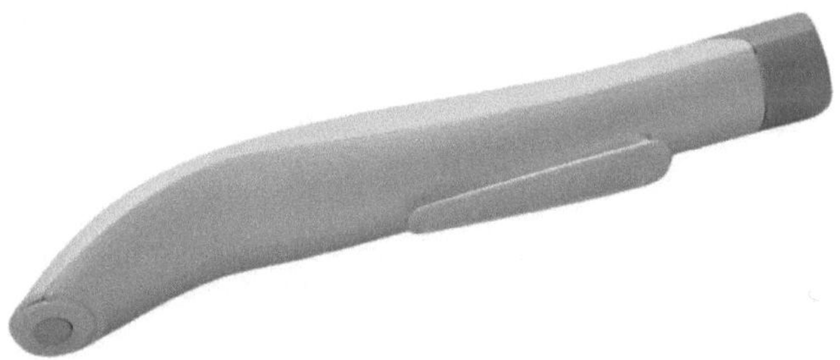

Abbildung: Elektronischer Stichheiler mit Heizplättchen

Elektronischer Stichheiler für das Smartphone

Eine interessante und ebenfalls empfehlenswerte Variante ist der Wärmestift für das Smartphone.

Das Smartphone hat man heutzutage immer dabei und mit dem Mini-Stichheiler am Schlüsselbund lässt sich App-gesteuert dem lästigen Mückenstich mit Hitze angetrieben durch den Smartphone-Akku ein Ende bereiten.

Die zugehörige App lässt sich parametrieren u.a. bezüglich der Behandlungsdauer, Stärke und empfindlichen Hautstellen.

Insgesamt erhält man ein sehr interessantes Produkt mit Wirkung, beim Einstecken in das Smartphone startet im Beispiel sogar die App automatisch.

Generell gilt auch hier: Verbrennungsgefahr, bitte vorsichtig testen und die Gebrauchsanweisung beachten.

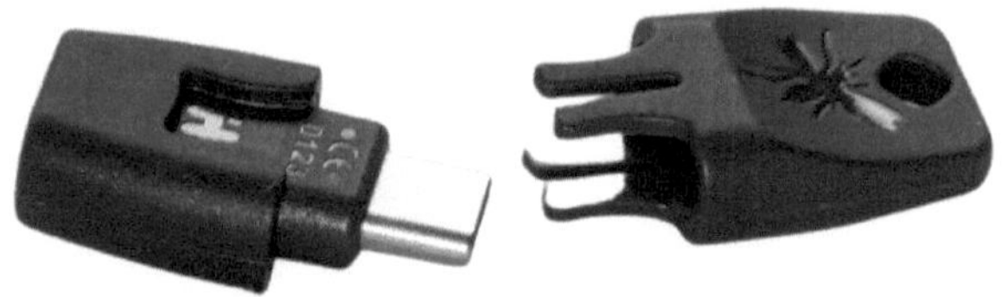

Abbildung: Elektronischer Stichheiler für das Smartphone, hier mit USB-C Schnittstelle

Expertentipp Elektronischer Stichheiler

Einfach und effektiv, egal ob eigenständiges Gerät oder für das Smartphone:
Hitze auf Knopfdruck bringt schnelle Linderung bei Mückenstichen

Haartrockner

Ein Haartrockner ist daheim und in nahezu jedem Hotelzimmer vorhanden.

Wenn man also großflächig gestochen worden ist oder eventuell nicht genau weiß, wo es genau juckt, dann ist der Haartrockner eine Idee.

Bitte unbedingt vorher testen, wie hoch die Temperatur sein kann, ohne sich Verbrennungen zuzufügen, Ziel ist, auf der Haut ungefähr 45 Grad zu erreichen.

Einfach den Stich oder die Stiche mit dem Haartrockner so heiß, wie man es ertragen kann, für circa 20 Sekunden, der heißen Luft aussetzen.

Generell gilt auch hier: Verbrennungsgefahr, bitte vorsichtig testen.

Warmes, heißes Wasser

Warmes Wasser aus dem Wasserhahn oder der Dusche wird die Folgen eines Mückenstiches ebenfalls zuverlässig lindern.

Bitte unbedingt vorher testen, wie hoch die Temperatur sein kann, ohne sich Verbrühungen zuzufügen, wir benötigen circa 45 Grad Celsius.

Einfach die Stelle mit dem Mückenstich unter das fließende warme Wasser für circa 20 Sekunden halten, der Juckreiz wird bald aufhören und der Mückenstich verschwinden.

Generell gilt auch hier: Verbrühungsgefahr, bitte vorsichtig testen.

Andere Hilfsmittel

Falls kein Stichheiler oder kein Haartrockner zur Hand ist und die Stelle am Körper nicht unter einem Wasserhahn zu erreichen ist, könnte man unter dem Wasserhahn oder mit einem Feuerzeug zum Beispiel einen Löffel erhitzen und den heißen Löffel (wir benötigen circa 45 Grad) auf den Stich pressen.

Auch kann ein Zigarettenanzünder im Auto, erhitzt und auf das richtige Maß abgekühlt, helfen.

Generell gilt auch hier: Verbrennungsgefahr, bitte vorsichtig testen.

Moskito-Pflaster

Es gibt im Handel sogenannte Moskito Pflaster mit einer Gitterstruktur zu kaufen, diese werden auf den Mückenstich geklebt wie ein Wundpflaster und sollen Linderung bringen.

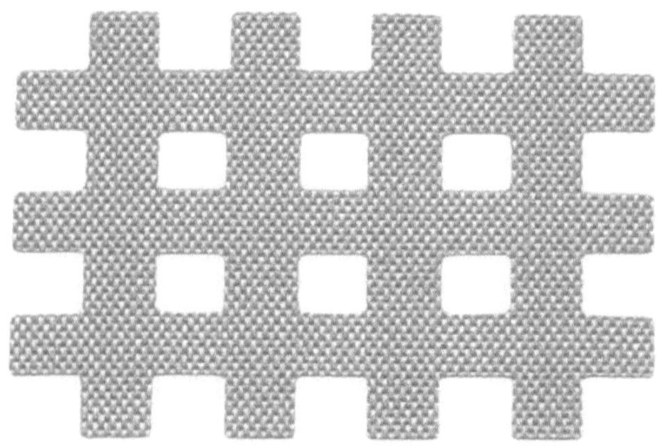

Abbildung: Moskito Pflaster

Die Pflaster sind in der Regel wasserfest, atmungsaktiv und robust, wodurch die betroffene Haut bei Bewegungen stimuliert wird. Das aktiviert den Heilungsprozess.

Der Verfasser konnte allerdings bei seinem Stich bei Anwendung eines Gitterpflasters keinerlei Effekt erkennen.

Knipser

Mittels piezoelektrischer Energie sollen sogenannte Knipser unseren Mückenstich lindern, der Autor kann das leider nicht bestätigen.

Die Aktivierung der beiden Elektroden war jedoch deutlich auf dem Stich zu spüren.

Abbildung: Knipser

Arztbesuch

Dieser Ratgeber soll Anregungen geben, Mückenstiche zu verhindern beziehungsweise zu lindern, falls man von Mücken gestochen worden ist.

Der Schreiber kann nicht oft genug betonen: Falls ein Mückenstich irgendwie verdächtig oder andersartig erscheint, brennt, stark juckt, oder wenn die Schwellung immer stärker wird, oder wenn allergische Reaktionen auftreten, dann bitte sofort einen Arzt aufsuchen!

Epilog

Wie eingangs schon erwähnt, handelt es sich in diesem Büchlein ausschließlich um eigene Erfahrungen im Umgang mit europäischen Stechmücken und gegebenenfalls deren Folgen.

Dieser Ratgeber soll Anregungen geben und ist mit gesundem Menschenverstand anzuwenden.

Einige der vorgestellten Gadgets zeigen beim Autor keinerlei Wirkung und erscheinen eher als Spielerei, was nicht heißt, dass bei anderen Personen sich nicht doch Erfolg einstellen könnte.

Der Autor haftet nicht für Folgen seiner Anregungen und Ratschläge.

Danksagung

Mein Dank gilt meinen Eltern, die mir schon als 3-jähriges Kind ab 1969 ermöglichten, an den Stränden Mallorcas das Schwimmen zu lernen und jährlich fantastische Sommerurlaube in den Schulferien zu verbringen, auch wenn im Hochsommer die Mückenplage ziemlich nervig war.

Leider wurde meiner Mutter die Liebe zum sonnigen Süden sowie die Neigung zur Sonnenbräune recht früh zum Verhängnis.

Besonderer Dank gilt auch meiner lieben Frau, die geduldig meine schrägen Experimente mit aufdringlichen Gerüchen oder andersartigen Auswirkungen erträgt. Als Ergebnis war bei sommerlichen Temperaturen der Geruch von Neemöl in meiner Nähe äußerst gewöhnungsbedürftig, wenn nicht sogar abschreckend. Das war eben mein Schutzschild, bis Kokosöl auftauchte.

Nicht zu vergessen sind einige Anregungen aus dem Bekannten- beziehungsweise Freundeskreis, sowie von Arbeitskollegen, welche nach eingehenden Untersuchungen hier mit eingeflossen sind.

Ein Dankeschön gilt auch meinen Freunden, welche mich immer ermutigt und bedrängt haben, dieses Büchlein endlich fertigzustellen.

Über den Autor

Andy Müller, geboren 1965 in Nürnberg, arbeitete zeitlebens in der IT Branche als Dipl.-Ing. (FH), immer an der Kundenschnittstelle. Als zertifizierter ITIL Service Manager ist er auf IT Prozesse spezialisiert und befindet sich nun in der passiven Phase des Berufslebens. Als Ausgleich zum nervenaufreibenden Job diente immer das Verreisen, Fahrradfahren und Wandern. Somit waren die Weichen gestellt, um langfristig Erfahrung mit diesen lästigen Stechmücken zu sammeln.

Neuerdings hat sich der hauptsächlich durch die Ehefrau bewirtschaftete Kleingarten in Flussnähe als ideales Testgelände für Mückengeschwader entpuppt.

Seit vielen Jahren kompensiert der Autor den CO_2-Ausstoß seiner Reisen mit Ehefrau in den sonnigen Süden beim bekanntesten Anbieter. Der größte Teil seiner Spenden fließt in die Erforschung des SAF (Sustainable Aviation Fuel).